하나님과 사람에게

사랑받는 _____(이)가

되길 기도하며

_____(이)가

## 어린이를 위한 내 글씨 필사 암송 2권

엮은이 · 편집부
초판 발행 · 2020. 8. 19
2쇄 · 2024. 7. 24
등록번호 · 제1988-000080호
등록된 곳 · 서울특별시 용산구 서빙고로 65길 38
발행처 · 사단법인 두란노서원
영업부 · 2078-3333 FAX 080-749-3705
출판부 · 2078-3331

책 값은 뒤표지에 있습니다.
ISBN 978-89-531-3835-3   04230
       978-89-531-3820-9  04230 (세트)

독자의 의견을 기다립니다.
tpress@duranno.com       www.duranno.com

두란노서원은 바울 사도가 3차 전도여행 때 에베소에서 성령 받은 제자들을 따로 세워 하나님의 말씀으로 양육하던 장소입니다. 사도행전
19장 8-20절의 정신에 따라 첫째 목회자를 돕는 사역과 평신도를 훈련시키는 사역, 둘째 세계선교(TIM)와 문서선교(단행본·잡지) 사역,
셋째 예수문화 및 경배와 찬양 사역, 그리고 가정 · 상담 사역 등을 감당하고 있습니다. 1980년 12월 22일에 창립된 두란노서원은 주님 오
실 때까지 이 사역들을 계속할 것입니다.

일러스트 이단비 https://www.instagram.com/sonmat.calli/
디자인 유한나
감수 한선희 목사, 심지연 목사

# 차례

## 2권 | 생활편

: 지혜, 정직, 감사, 용서, 순종, 절제

스티커,
말씀 카드
수록

성경을 따라 적는 건, 아주 오래 전부터 믿음의 선배들이 해오던 일이었어요. 이스라엘에서는 고대부터 서기관들이 성경을 한 자 한 자 정성스럽게 적었고요, 중세시대에는 수도원에 필사실을 만들어 성경을 베껴 썼다고 해요. 그래서 베자 캠브리지 사본, 클레르몽 사본, 시나이 사본 등 다양한 성경 사본이 만들어졌다고 하지요.

우리 대한민국의 할아버지의 할아버지, 할머니의 할머니들도 성경을 베껴 썼어요. 이것을 '필사'라고 해요. 성경 필사는 하나님을 널리 알리는 데 큰 역할을 했답니다.

좋은 음식을 먹으면 튼튼해지듯이 성경 말씀을 먹으면 영혼이 아주 튼튼해져요. 말씀을 암송하면 그 말씀이 우리의 삶을 인도해 줄 거예요. 친구랑 싸웠을 때, 부모님께 순종하고 싶지 않을 때, 어떤 일이 옳은지 헷갈릴 때에도 말씀에서 답을 찾을 수 있어요.

2권 〈생활편〉에서는 지혜, 정직, 감사, 용서, 순종, 절제가 무엇인지 알 수 있어요. 말씀을 따라 쓰면서 더불어 외워 보세요. 말씀을 외우는 건 든든한 친구를 얻는 것과 같답니다. 말씀을 따라 쓰고 외우고, 부모님이나 친구들과 재미난 게임을 하면서 하나님 말씀을 먹는 재미, 하나님과 함께 살아가는 기쁨을 누리는 우리 어린이들이 되길 바라요.

• ## 믿음이 자라는 12가지 말씀

이 책은 신앙생활을 하면서 반드시 알아야 할 12가지 말씀이 들어 있어요. 아이가 말씀을 쓰면서 외울 수 있도록 도와주세요. 암송한 말씀은 아이의 평생 친구가 되어 줄 거예요. 아이의 삶을 말씀으로 인도하실 하나님을 기대하며 중보해요.

• ## 오늘의 예배

가족이나 소모임에서 아이와 함께 말씀으로 예배를 드릴 수 있도록 구성했어요. 날짜를 적고 구성원 중 한 명이 기도를 하고, 찬양을 부른 후 해당 성경 구절을 본문으로 말씀을 전하면 훌륭한 예배가 됩니다. 어린이 찬양의 가사를 본문에 실었지만 잘 모를 경우 모두가 아는 다른 찬양을 함께 불러도 좋아요.

**오늘의 예배**

날짜: _____ 년 _____ 월 _____ 일
기도: _____
찬양: 너와 나의 모습이

• ## 말씀 이해하기

'말씀 이해하기'는 아이가 말씀의 내용을 이해할 수 있게 도와주어요. 부모님이나 선생님의 언어로 자세히 설명해 준다면 아이는 더욱 쉽고 재미있게 말씀을 이해할 수 있을 거예요.

**말씀 이해하기**

하나님을 사랑하고 하나님 말씀을 따르는 하나님을 더 알아가면서 지혜가 뛰어나게

## • 따라 써 보기

원고지 모양에 쓰인 말씀을 따라 한 자 한 자 적어 보아요. 한글이 서툰 아이도 쉽게 따라 쓸 수 있어요.

**따라 써 보세요**

1

## • 말씀으로 기도하기

말씀을 따라 쓴 후에는 본문 말씀을 바탕으로 기도해요. 함께 기도하다 보면 자연스레 말씀으로 기도하는 법을 배울 수 있어요.

**말씀으로 기도하기**

하나님을 경외하는 것은 하나님을 우리가 거룩하신 하나님을 경외하렴으로 기도합니다. 아멘.

## • 게임으로 말씀 익히기

재미있는 게임을 통해 오늘 익힌 말씀을 좀더 잘 기억할 수 있어요. 미로 찾기, 단어 넣기, 색칠하기 등 다양한 게임으로 자연스레 한 번 더 말씀을 새길 수 있어요.

**게임으로 말씀 익히기**

• 다음 암호를 이용해 잠언 9장 10절 읽어 보세요.

## • 칭찬해 주기

이 책 뒤에는 칭찬 스티커를 붙일 수 있는 종이와 스티커가 수록되어 있어요. 종이는 오려서 잘 보이는 곳에 붙이고, 아이가 한 과를 마칠 때마다 '참 잘했어요' 스티커를 붙이며 칭찬해 주세요. 칭찬과 함께 적절한 보상(예, 스티커 3개 붙이면 소원 들어주기)을 해주면 아이는 더욱 신이 나 필사를 할 수 있을 거예요. 캐릭터 스티커는 자유롭게 사용하세요.

## • 말씀 카드 활용하기

이 책 뒤에 말씀 카드를 2장씩 수록했어요. 절취선을 따라 오린 후 잘 볼 수 있는 곳에 붙이고 함께 말씀을 암송해요. 온 가족이 말씀으로 하나가 될 수 있어요.

# 2

# 생활편

# 1 지혜를 알고 싶어요

### 잠언 9:10 지혜의 근본

여호와를 경외하는 것이 지혜의 근본이요 거룩하신 자를 아는 것이 명철이니라

### 말씀 이해하기

하나님을 사랑하고 하나님 말씀을 따르는 사람이 최고로 지혜로워요. 거룩하신 하나님을 알아갈수록 총명하고 통찰력이 뛰어나게 된답니다.

### 따라 써 보세요

1

|   |   | 여 | 호 | 와 | 를 |   | 경 | 외 |
|---|---|---|---|---|---|---|---|---|
| 하 | 는 |   | 것 | 이 |   |   | 지 | 혜 |
| 의 |   | 근 | 본 | 이 | 요 |   |   | 거 |
| 룩 | 하 | 신 |   | 자 | 를 |   |   | 아 |
| 는 |   | 것 | 이 |   |   | 명 | 철 | 이 |
| 니 | 라 |   |   |   |   |   |   |   |

•2•생활편•

날짜: _____년 _____월 _____일

기도: _____

찬양: **너와 나의 모습이**

너와 나의 모습이 예수님 닮아 / 너와 나의 모습이 예수님 닮아 / 하루 이틀 매일매일 지날 때마다 / 더 닮아가길 원해요

2

여호와를 경외
하는 것이 지혜
의 근본이요
특하신 자를 아
는 것이 명철이
니라

3

여호와를 경외
하는 것이 지혜
의 근본이요

룩 하 신 　 자 를 　 아
는 　 것 이 　 명 철 이
니 라

4 　 여 호 와 를 　 경 외
하 는 　 것 이 　 지 혜
의 　 근 본 이 요 　 거
룩 하 신 　 자 를 　 아
는 　 것 이 　 명 철 이
니 라

5 　 여 호 와 를 　 경 외
하 는 　 것 이 　 지 혜

|   |   |   |   |   |   |   |   |
|---|---|---|---|---|---|---|---|
| 이 |   | 근 | 본 | 이 | 요 |   | 거 |
| 룩 | 하 | 신 |   | 자 | 를 |   | 아 |
| 는 |   | 것 | 이 |   | 명 | 철 | 이 |
| 니 | 라 |   |   |   |   |   |   |

## 말씀으로 기도하기

하나님, 하나님을 경외하는 것은 하나님을 사랑하고 알아가는 것임을 알려 주셔서 감사해요. 제가 거룩하신 하나님을 경외하며 지혜롭게 살아가도록 이끌어 주세요. 예수님의 이름으로 기도합니다. 아멘.

# 게임으로 말씀 익히기

- 다음 암호를 이용해 잠언 9장 10절을 완성해 볼 거예요. 오른쪽 그림에 맞는 단어를 암호에서 찾아 읽어 보세요.

암호

경외

거룩

지혜

명철

여호와를  하는 것이

 의 근본이요

 하신 자를 아는 것이

 이니라

# 1 지혜를 알고 싶어요

## 야고보서 3:17 하늘의 지혜

오직 위로부터 난 지혜는 첫째 성결하고 다음에 화평하고 관용하고 양순하며 긍휼과 선한 열매가 가득하고 편견과 거짓이 없나니

## 말씀 이해하기

하나님이 주시는 지혜는 하나님과 닮은 최고의 것들이에요. 깨끗한 마음(성결), 서로 사이좋게 지내며(화평), 친절히 대하는 것입니다. 그리고 너그럽고(관용), 착한 마음(양순)과 불쌍히 여기는 마음(긍휼)과 선한 열매로 가득합니다. 또 차별(편견)하지 않고 누구나 똑같이 대하며, 겉으로만 착한 척하는 마음(위선)이 없습니다.

## 따라 써 보세요

1

| 오 | 직 | | 위 | 로 | 부 | 터 | ∨ |
| 난 | | 지 | 혜 | 는 | | 첫 | 째 | ∨ |
| 성 | 결 | 하 | 고 | | 다 | 음 | 에 | ∨ |
| 화 | 평 | 하 | 고 | | 관 | 용 | 하 | |

나의 한 가지 소원 예수님을 닮고 싶어요 / 키 와 몸과 사랑이 우정과 지혜와 믿음이 / 날마 다 자라나서 예수님을 닮고 싶어요 / 주의 말 씀 안에서 자라고 싶어요

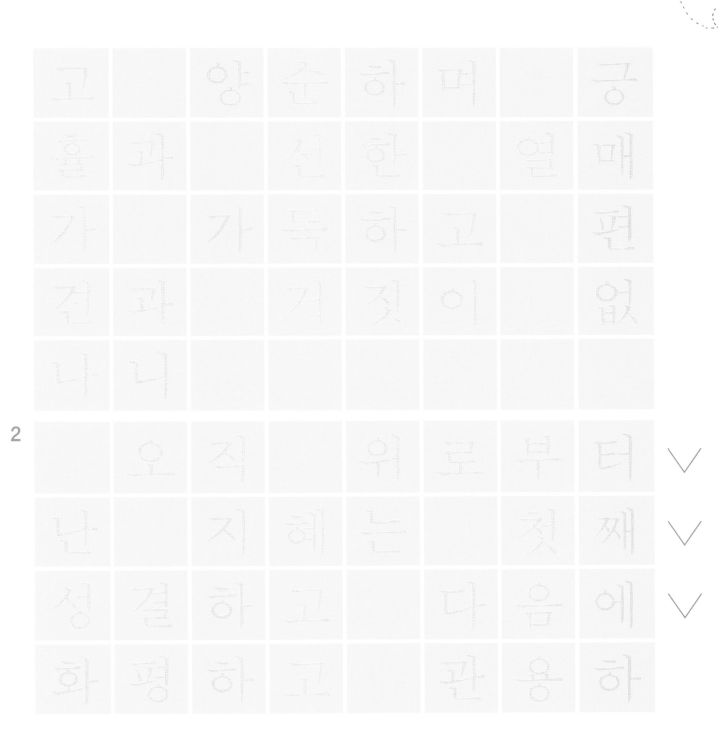

2

고　양순하며　궁

훌과　선한　열매

가　가득하고　편

견과　거짓이　없

나니

3

오직　위로부터

난　지혜는　첫째

성결하고　다음에

화평하고　관용하

고　양순하며　궁

훌과　선한　열매

가 　 가 득 하 고 　 편

견 과 　 거 짓 이 　 없

나 니

　 오 직 　 위 로 부 터

난 　 지 혜 는 　 첫 째

성 결 하 고 　 다 음 에

화 평 하 고 　 관 용 하

고 　 양 순 하 며 　 긍

휼 과 　 선 한 　 열 매

가 　 가 득 하 고 　 편

견 과 　 거 짓 이 　 없

| 나 | 니 |  |  |  |  |  |
|---|---|---|---|---|---|---|

5

| | 오 | 직 | | 위 | 로 | 부 | 터 | ∨ |
|---|---|---|---|---|---|---|---|---|
| 난 | | 지 | 혜 | 는 | | 첫 | 째 | ∨ |
| 성 | 결 | 하 | 고 | | 다 | 음 | 에 | ∨ |
| 화 | 평 | 하 | 고 | | 관 | 용 | 하 | |
| 고 | | 양 | 순 | 하 | 며 | | 긍 | |
| 휼 | 과 | | 선 | 한 | | 열 | 매 | |
| 가 | | 가 | 득 | 하 | 고 | | 편 | |
| 견 | 과 | | 거 | 짓 | 이 | | 없 | |
| 나 | 니 | | | | | | | |

## 말씀으로 기도하기

하나님, 하나님이 주시는 지혜가 제 안에 가득하게 해 주세요. 성결과 화평, 관용과 양순, 긍휼과 선한 열매가 제 안에 가득하길 소원합니다. 그리고 편견과 거짓이 없는 사람이 되게 해 주세요. 예수님의 이름으로 기도합니다. 아멘.

## 게임으로 말씀 익히기

● 위로부터 난 지혜, 즉 하나님이 주시는 지혜를 스티커에서 찾아 붙이고, 트리를
예쁘게 색칠해 보세요.

# 2 정직을 알고 싶어요

## 시편 15:2 올바른 삶

정직하게 행하며 공의를 실천하며 그의 마음에 진실을 말하며

## 말씀 이해하기

하나님이 기뻐하시는 사람은 누구일까요? 하나님 말씀대로 바르게 행하고, 하나님이 기뻐하시는 착한 마음을 가지며, 거짓 없이 사실대로 말하는 사람입니다.

## 따라 써 보세요

1

| | 정 | 직 | 하 | 게 | | 행 | 하 |
| 며 | | 공 | 의 | 를 | | 실 | 천 |
| 하 | 며 | | 그 | 의 | | 마 | 음 |
| 에 | | 진 | 실 | 을 | | 말 | 하 |
| 며 | | | | | | | |

날짜 : _____ 년 _____ 월 _____ 일

기도 : _____

찬양 : **정결한 마음 주시옵소서**

정결한 마음 주시옵소서 오 주님 / 정직한 영을 새롭게 하소서 / 나를 주님 앞에서 멀리하지 마시고 / 주의 성령을 거두지 마옵소서 / 그 구원의 기쁨 다시 회복시키시며 / 변치 않는 맘 내 안에 주소서

2
정직하게 행하며 공의를 실천하며 그의 마음에 진실을 말하

3
정직하게 행하며 공의를 실천하며 그의 마음에 진실을 말하

4

| | 정 | 직 | 하 | 게 | | 행 | 하 |
|---|---|---|---|---|---|---|---|
| 며 | | 공 | 의 | 를 | | 실 | 천 |
| 하 | 며 | | 그 | 의 | | 마 | 음 |
| 에 | | 진 | 실 | 을 | | 말 | 하 |
| 며 | | | | | | | |

5

| | 정 | 직 | 하 | 게 | | 행 | 하 |
|---|---|---|---|---|---|---|---|
| 며 | | 공 | 의 | 를 | | 실 | 천 |
| 하 | 며 | | 그 | 의 | | 마 | 음 |
| 에 | | 진 | 실 | 을 | | 말 | 하 |
| 며 | | | | | | | |

## 말씀으로 기도하기

하나님, 거짓말하는 게 쉽지만 그러지 않고 정직하게 말할 수 있는 용기를 주세요. 그래서 하나님이 기뻐하시는 사람이 되게 해 주세요. 예수님의 이름으로 기도합니다. 아멘.

# 게임으로 말씀 익히기

- 하나님이 기뻐하시는 사람이 되려면 정직과 공의와 진실이 있어야 해요. 이것들을 찾아 미로를 따라가 보세요.

# 정직을 알고 싶어요

2

## 잠언 15:19 정직의 길

게으른 자의 길은 가시 울타리 같으나 정직한 자의 길은 대로니라

## 말씀 이해하기

게으른 사람의 길은 가시 울타리로 막힌 것처럼 힘들고 어려움이 있지만, 정직한 사람의 길은 안전하고 편안하답니다.

## 따라 써 보세요

1

| | 게 | 으 | 른 | | 자 | 의 | |
|---|---|---|---|---|---|---|---|
| 길 | 은 | | 가 | 시 | | 울 | 타 |
| 리 | | 같 | 으 | 나 | | 정 | 직 |
| 한 | | 자 | 의 | | 길 | 은 | |
| 대 | 로 | 니 | 라 | | | | |

2

| | 게 | 으 | 른 | | 자 | 의 | |
|---|---|---|---|---|---|---|---|

26

길 은 가 시 울 타
리 같 으 나 정 직
한 자 의 길 은
대 로 니 라

3

게 으 른 자 의

길 은 가 시 울 타
리 같 으 나 정 직
한 자 의 길 은
대 로 니 라

4

게 으 른 자 의

길은 가시 울타
리 같으나 정직
한 자의 길은
대로니라

5
게으른 자의
길은 가시 울타
리 같으나 정직
한 자의 길은
대로니라

## 말씀으로 기도하기

하나님, 제가 게으르지 않고 정직하며 성실한 사람이 되도록 도와주세요. 그래서 하나님이 보시기에 아름다운 일이 많이 있기를 원합니다. 예수님의 이름으로 기도합니다. 아멘.

# 게임으로 말씀 익히기

● 게으름과 정직이 돌다리를 건넙니다. 게으름의 길과 정직의 길을 말씀을 따라 선을 그어 이어 보세요.

# 3 감사를 알고 싶어요

## 시편 107:1 감사의 대상

여호와께 감사하라 그는 선하시며 그 인자하심이 영원함이로다

## 말씀 이해하기

하나님께 감사해요. 하나님이 우리에게 주신 것들이 참 많아요. 우리가 행복하라고 이 세상을 지어 주셨고, 우리 가족도 보내 주셨어요. 우리를 사랑하시는 하나님은 선하고 좋은 분이세요.

## 따라 써 보세요

1

| 여 | 호 | 와 | 께 |  | 감 | 사 |
| 하 | 라 |  | 그 | 는 |  | 선 | 하 |
| 시 | 며 |  | 그 |  | 인 | 자 | 하 |
| 심 | 이 |  | 영 | 원 | 함 | 이 | 로 |
| 다 |

날짜 : _____년 _____월 _____일

기도 : _____

찬양 : **감사한 것을 세어 봅시다**

감사한 것을 세어 봅시다 / 하나 둘 셋 넷 다섯 여섯 일곱 / 두 손을 다 펴도 셀 수 없어요 / 하나님이 주신 큰 은혜

**2**

| | 여 | 호 | 와 | 께 | | 감 | 사 |
| 하 | 라 | | 그 | 는 | | 선 | 하 |
| 시 | 며 | | 그 | | | 인 | 자 | 하 |
| 심 | 이 | | 영 | 원 | 함 | 이 | 로 |
| 다 | | | | | | | |

**3**

| | 여 | 호 | 와 | 께 | | 감 | 사 |
| 하 | 라 | | 그 | 는 | | 선 | 하 |
| 시 | 며 | | 그 | | | 인 | 자 | 하 |
| 심 | 이 | | 영 | 원 | 함 | 이 | 로 |

● 3      감사를 알고 싶어요

다

4
여호와께 감사
하라 그는 선하
시며 그 인자하
심이 영원함이로
다

5
여호와께 감사
하라 그는 선하
시며 그 인자하
심이 영원함이로
다

## 말씀으로 기도하기

하나님, 하나님은 선하시고 인자한 분이세요. 우리를 구원하시고, 외롭고 슬픈 사람들과 함께 계시고, 고통에서 건져 주시니 감사해요. 매일 하나님께 감사하는 제가 되게 해 주세요. 예수님의 이름으로 기도합니다. 아멘.

## 게임으로 말씀 익히기

• 하나님께 감사하여 드리고 싶은 것을 스티커에서 찾아 바구니에 담아 보세요.

# 3 감사를 알고 싶어요

## 역대상 16:8 감사의 이유

너희는 여호와께 감사하며 그의 이름을 불러 아뢰며 그가 행하신 일을 만민 중에 알릴 지어다

## 말씀 이해하기

하나님은 우리를 사랑하셔서 좋은 것을 많이 주셨어요. 하나님의 이름을 부르며, 하나님께 감사해요. 찬양해요! 하나님이 하신 일들을 기억하며 모든 사람에게 전해요.

## 따라 써 보세요

1

| 너 | 희 | 는 | | 여 | 호 | 와 |
|---|---|---|---|---|---|---|
| 께 | 감 | 사 | 하 | 며 | | 그 |
| 의 | 이 | 름 | 을 | | 불 | 러 |
| 아 | 뢰 | 며 | | 그 | 가 | 행 |
| 하 | 신 | | 일 | 을 | 만 | 민 |

감사해요 주님의 사랑 / 감사해요 주님의 은혜 / 목소리 높여 주님을 영원히 찬양해요 / 나의 전부이신 나의 주님

중 에 　 알 릴 지 어 다

2
　 너 희 는 　 여 호 와

끼 　 감 사 하 며 　 그

의 　 이 름 을 　 불 러

아 뢰 며 　 그 가 　 행

하 신 　 일 을 　 만 민

중 에 　 알 릴 지 어 다

3
　 너 희 는 　 여 호 와

끼 　 감 사 하 며 　 그

| 의 |  | 이 | 름 | 을 |  | 불 | 러 | ⌄ |
| 아 | 뢰 | 며 |  | 그 | 가 |  | 행 | |
| 하 | 신 |  | 일 | 을 |  | 만 | 민 | ⌄ |
| 중 | 에 |  | 알 | 릴 | 지 | 어 | 다 | |

4

| | 너 | 희 | 는 |  | 여 | 호 | 와 |
| 께 |  | 감 | 사 | 하 | 며 |  | 그 |
| 의 |  | 이 | 름 | 을 |  | 불 | 러 | ⌄ |
| 아 | 뢰 | 며 |  | 그 | 가 |  | 행 | |
| 하 | 신 |  | 일 | 을 |  | 만 | 민 | ⌄ |
| 중 | 에 |  | 알 | 릴 | 지 | 어 | 다 | |

5

| | 너 | 희 | 는 |  | 여 | 호 | 와 |

| 께 | | 감 | 사 | 하 | 며 | | 그 |
|---|---|---|---|---|---|---|---|
| 의 | | 이 | 름 | 을 | | 불 | 러 |
| 아 | 뢰 | 며 | | 그 | 가 | | 행 |
| 하 | 신 | | 일 | 을 | | 만 | 민 |
| 중 | 에 | | 알 | 릴 | 지 | 어 | 다 |

## 말씀으로 기도하기

하나님, 하나님이 저를 사랑해 주심을 기억하고, 감사하며 살게 해 주세요. 늘 하나님을 찬양하고 하나님이 하신 일들을 전하게 해 주세요. 예수님의 이름으로 기도합니다. 아멘.

# 게임으로 말씀 익히기

• 다음 큐알을 찍어 노래를 손유희로 배워 보세요.

# 역대상
# 16장 8절 말씀

작곡: 조재신
노래: 조 은

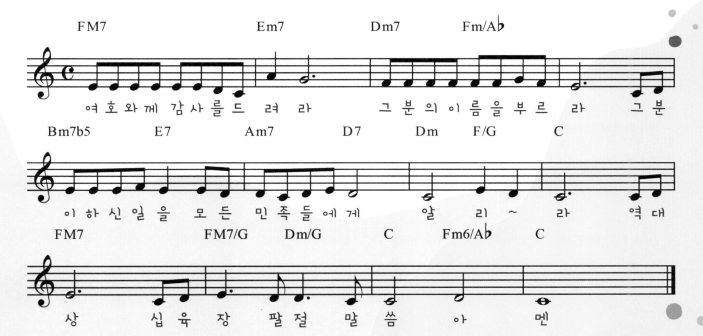

FM7        Em7        Dm7        Fm/A♭

여 호 와 께 감 사 를 드 려 라      그 분 의 이 름 을 부 르 라      그 분

Bm7b5     E7     Am7     D7     Dm   F/G     C

이 하 신 일 을 모 든 민 족 들 에 게      알 리 ~ 라      역 대

FM7        FM7/G   Dm/G     C     Fm6/A♭     C

상    십 육 장 팔 절 말 씀 아 멘

# 용서를 알고 싶어요

— 1

## 마태복음 6:14 참된 용서

너희가 사람의 잘못을 용서하면 너희 하늘 아버지께서도 너희 잘못을 용서하시려니와

## 말씀 이해하기

하나님은 우리의 많은 죄를 용서해 주셨어요. 우리의 죄를 용서해 주신 하나님의 은혜를 생각하며 우리도 다른 사람의 죄를 용서해 주어야 해요. 그럴 때 하나님이 우리를 보고 기뻐하세요.

## 따라 써 보세요

1

| 너 | 희 | 가 | | 사 | 람 | 의 | ∨ |
| 잘 | 못 | 을 | | 용 | 서 | 하 | 면 | ∨ |
| 너 | 희 | | 하 | 늘 | | 아 | 버 | |
| 지 | 께 | 서 | 도 | | 너 | 희 | |
| 잘 | 못 | 을 | | 용 | 서 | 하 | 시 | |

날짜 : _____년 _____월 _____일

기도 : _____

찬양 : 아름다운 마음들이 모여서

아름다운 마음들이 모여서 주의 은혜 나누며 / 예수님을 따라 사랑해야지 우리 서로 사랑해 / 하나님이 가르쳐 준 한 가지 네 이웃을 네 몸과 같이 / 미움 다툼 시기 질투 버리고 우리 서로 사랑해

2

| 너 | 니 | 와 | | | | | |
| 니 | 희 | 가 | | 사 | 람 | 의 | ∨ |
| 잘 | 못 | 을 | | 용 | 서 | 하 | 면 ∨ |
| 너 | 희 | | 하 | 늘 | | 아 | 버 |
| 지 | 께 | 서 | 도 | | 너 | 희 | |
| 잘 | 못 | 을 | | 용 | 서 | 하 | 시 |

3

| 너 | 니 | 와 | | | | | |
| 너 | 희 | 가 | | 사 | 람 | 의 | ∨ |
| 잘 | 못 | 을 | | 용 | 서 | 하 | 면 ∨ |

|너|희| |하|늘| |아|버|
|지|께|서|도| | |너|희|
|잘|못|을| |용|서|하|시|
|려|니|와| | | | | |

**4**

| |너|희|가| |사|람|의| ∨|
|잘|못|을| |용|서|하|면| ∨|
|너|희| |하|늘| |아|버|
|지|께|서|도| | |너|희|
|잘|못|을| |용|서|하|시|
|려|니|와| | | | | |

**5**

| |너|희|가| |사|람|의| ∨|

| 잘 | 못 | 을 |  | 용 | 서 | 하 | 면 |
| 너 | 희 |  | 하 | 늘 |  | 아 | 버 |
| 지 | 께 | 서 | 도 |  |  | 너 | 희 |
| 잘 | 못 | 을 |  | 용 | 서 | 하 | 시 |
| 려 | 니 | 와 |  |  |  |  |  |

## 말씀으로 기도하기

하나님, 저의 죄를 없애기 위해 죄가 없으신 예수님을 이 땅에 보내 주셔서 감사해요. 하나님의 은혜를 기억하며 저도 다른 사람들을 용서할 수 있는 마음을 주세요. 예수님의 이름으로 기도합니다. 아멘.

## 게임으로 말씀 익히기

● 한나는 동생 한솔이와 싸웠지만, 마태복음 6장 14절을 읽고는 화해를 했어요. 화해한
두 사람의 얼굴을 그려 보세요.

# 4 용서를 알고 싶어요

## 에베소서 4:32 용서의 이유

서로 친절하게 하며 불쌍히 여기며 서로 용서하기를 하나님이 그리스도 안에서 너희를
용서하심과 같이 하라

## 말씀 이해하기

하나님은 우리를 너무너무 사랑하셔서 우리 죄를 기꺼이 용서해 주셨어요. 우리 안에
하나님의 사랑이 가득하면 우리도 서로 용서하고, 서로에게 친절하며, 너그럽게 대할
수 있어요.

## 따라 써 보세요

1

| 서 | 로 | | 친 | 절 | 하 | 게 | ∨ |
| 하 | 며 | | 불 | 쌍 | 히 | | 여 |
| 기 | 며 | | 서 | 로 | | 용 | 서 |
| 하 | 기 | 를 | | 하 | 나 | 님 | 이 | ∨ |
| 그 | 리 | 스 | 도 | | 안 | 에 | 서 | ∨ |

날짜 : _____년 _____월 _____일

기도 : _____

찬양 : 용서해요

힘들게 하는 사람 기도해 주어요 / 마음 아프게 하는 사람 축복해 주어요 / 내 마음 성령님 가득 / 예수님 바라보아요 / 주님의 큰 사랑 / 용서의 마음 담아요

2

너 희 를 　 용 서 하 심
과 　 같 이 　 하 라
　 서 로 　 친 절 하 게 ∨
하 며 　 불 쌍 히 　 여
기 며 　 서 로 　 용 서
하 기 를 　 하 나 님 이 ∨
그 리 스 도 　 안 에 서 ∨
너 희 를 　 용 서 하 심
과 　 같 이 　 하 라

**3**

서로　친절하게
하며　불쌍히　여
기며　서로　용서
하기를　하나님이
그리스도　안에서
너희를　용서하심
과　같이　하라

**4**

서로　친절하게
하며　불쌍히　여
기며　서로　용서
하기를　하나님이

그리스도 안에서
너희를 용서하심
과 같이 하라

5

서로 친절하게
하며 불쌍히 여
기며 서로 용서
하기를 하나님이
그리스도 안에서
너희를 용서하심
과 같이 하라

## 말씀으로 기도하기

하나님, 나만 생각하고 다른 사람을 생각하지 않으면, 나에게 잘못을 저지른 사람을 미워할 수밖에 없어요. 서로에게 친절하며 서로 용서하기를 하나님이 그리스도 안에서 우리를 용서해 주신 것처럼 할 수 있도록 도와주세요. 예수님의 이름으로 기도합니다. 아멘.

## 게임으로 말씀 익히기

• 다음 1번과 2번에 각각 들어갈 단어를 선을 그어 보세요.

1번

서로　ㅊㅈ　하게 하며

2번

불쌍히 여기며 서로　ㅇㅅ　하기를

하나님이 그리스도 안에서

너희를 용서하심과 같이 하라

 친절 •

• 절교

 우울 •

• 용서

 거룩 •

• 거짓말

 노래 •

• 사랑

# 5 순종을 알고 싶어요

1

## 요한복음 15:10 순종의 복

내가 아버지의 계명을 지켜 그의 사랑 안에 거하는 것같이 너희도 내 계명을 지키면 내 사랑 안에 거하리라

## 말씀 이해하기

예수님은 하나님을 사랑하셔서 하나님의 계명을 기쁘게 지켰어요. 우리도 예수님을 사랑하고 예수님의 계명을 지키면 항상 예수님의 사랑 안에 거할 수 있어요.

## 따라 써 보세요

1

| 내 | 가 | | 아 | 버 | 지 | 의 | ∨ |
| 계 | 명 | 을 | | 지 | 켜 | | 그 |
| 의 | | 사 | 랑 | | 안 | 에 | |
| 거 | 하 | 는 | | 것 | 같 | 이 | |
| 너 | 희 | 도 | | 내 | | 계 | 명 |

날짜 : _____ 년 _____ 월 _____ 일

기도 : _____

찬양 : 따라따라 예수님 따라

예수님 따라 콩콩콩콩 / 예수님 따라 쿵쿵쿵쿵 / 따라따라 예수님 따라 / 말씀 따라 걸어가요 / 따라따라 예수님 따라 / 순종하며 걸어가요

2

| 을 | | 지 | 키 | 면 | | 내 | |
| 사 | 랑 | | 안 | 에 | | 기 | 하 |
| 리 | 라 | | | | | | |

| | 내 | 가 | | 아 | 버 | 지 | 의 |
| 계 | 명 | 을 | | 지 | 켜 | | 그 |
| 의 | | 사 | 랑 | | 안 | 에 | |
| 거 | 하 | 는 | | 것 | 같 | 이 | |
| 너 | 희 | 도 | | 내 | | 계 | 명 |
| 을 | | 지 | 키 | 면 | | 내 | |

사 랑 　 안 에 　 거 하
리 라

3　 　 내 가 　 아 버 지 의 ⋁
계 명 을 　 지 켜 　 그
의 　 사 랑 　 안 에
거 하 는 　 것 같 이
너 희 도 　 내 　 계 명
을 　 지 키 면 　 내
사 랑 　 안 에 　 거 하
리 라

4　 　 내 가 　 아 버 지 의 ⋁

계명을 지켜 그
의 사랑 안에
거하는 것같이
너희도 내 계명
을 지키면 내
사랑 안에 거하
리라

5   내가 아버지의
계명을 지켜 그
의 사랑 안에
거하는 것같이

| 너 | 희 | 도 | | 내 | | 계 | 명 |
|---|---|---|---|---|---|---|---|
| 을 | | 지 | 키 | 면 | | 내 | |
| 사 | 랑 | | 안 | 에 | | 거 | 하 |
| 리 | 라 | | | | | | |

## 말씀으로 기도하기

예수님이 하나님의 계명을 잘 지켜서 늘 하나님의 사랑 안에서 기쁘게 살아가신 것처럼 저도 예수님의 말씀을 잘 지키고 늘 예수님의 사랑 안에서 기쁘게 살아가게 해 주세요. 예수님의 이름으로 기도합니다. 아멘.

## 게임으로 말씀 익히기

• 계명을 지키면 사랑 안에 머물게 됩니다. 숫자를 이어서 사랑을 완성해 보세요.

예수님 사랑

예수님 사랑

# 5 순종을 알고 싶어요

2

## 에베소서 6:1 순종의 자녀

자녀들아 주 안에서 너희 부모에게 순종하라 이것이 옳으니라

## 말씀 이해하기

하나님은 우리가 하나님의 사랑을 느낄 수 있도록 부모님을 보내 주셨어요. 우리가 하나님을 사랑하기에 하나님 말씀을 잘 듣는 것처럼, 부모님의 말씀도 잘 들어야 해요. 이것이 하나님이 기뻐하시는 일이에요.

## 따라 써 보세요

1

| 자 | 녀 | 들 | 아 | | 주 |
|---|---|---|---|---|---|
| 안 | 에 | 서 | | 너 | 희 | 부 |
| 모 | 에 | 게 | | 순 | 종 | 하 | 라 |
| 이 | 것 | 이 | | 옳 | 으 | 니 | 라 |

2

| 자 | 녀 | 들 | 아 | | 주 |
|---|---|---|---|---|---|

날짜 : _____년 _____월 _____일

기도 : _____

찬양 : **엄마 아빠 사랑해요**

하나님이 나에게 예쁜 엄마 주셨죠/ 하나님이 나에게 멋진 아빠 주셨죠/ 하나님이 묶어 주신 우리 가족 엄마 아빠 사랑해요/ 하나님이 사랑하는 우리 가족 하나님을 사랑해요

안 에 서 　 너 희 부

모 에 게 　 순 종 하 라 　∨

이 것 이 　 옳 으 니 라

3　　자 녀 들 아 　 주

안 에 서 　 너 희 부

모 에 게 　 순 종 하 라 　∨

이 것 이 　 옳 으 니 라

4　　자 녀 들 아 　 주

안 에 서 　 너 희 부

| 모 | 에 | 게 |  | 순 | 종 | 하 | 라 | ⌄ |
| 이 | 것 | 이 |  |  | 옳 | 으 | 니 | 라 |

5

| | 자 | 녀 | 들 | 아 | | 주 |
| 안 | 에 | 서 | | 너 | 희 | | 부 |
| 모 | 에 | 게 | | 순 | 종 | 하 | 라 | ⌄ |
| 이 | 것 | 이 | | | 옳 | 으 | 니 | 라 |

## 말씀으로 기도하기

하나님, 주 안에서 부모에게 순종하라고 명령하셨지요? 이것이 바른 길이고, 하나님이 기뻐하시는 일인 것을 믿어요. 부모님 말씀을 잘 듣지 않고 제 마음대로 한 일을 용서해 주세요. 하나님 말씀을 잘 따르고 부모님의 말씀도 잘 따르는 자녀가 되게 해 주세요. 예수님의 이름으로 기도합니다. 아멘.

## 게임으로 말씀 익히기

• 사랑과 감사하는 마음을 담아 부모님께 드릴 카네이션을 색칠해 보아요.

사랑해요, 감사해요

# 6 절제를 알고 싶어요

### 디모데후서 1:7 절제하는 마음

하나님이 우리에게 주신 것은 두려워하는 마음이 아니요 오직 능력과 사랑과 절제하는
마음이니

### 말씀 이해하기

하나님은 우리에게 두려워하는 마음을 주시지 않아요. 하나님은 능력과 사랑과 절제
하는 마음을 주셨답니다. 절제는 내 마음대로 하고 싶은 것을 멈추고 기다리는 거예요.
우리가 살고 있는 아름다운 지구가 아픈 것도 사람들이 절제하지 못했기 때문이에요.

### 따라 써 보세요

1

| 하 | 나 | 님 | 이 | | 우 | 리 |
| 에 | 게 | | 주 | 신 | | 것 | 은 | ∨ |
| 두 | 려 | 워 | 하 | 는 | | 마 | 음 |
| 이 | | 아 | 니 | 요 | | 오 | 직 | ∨ |
| 능 | 력 | 과 | | | 사 | 랑 | 과 |

날짜 : _____ 년 _____ 월 _____ 일

기도 : _____

찬양 : **예수께로 가면**

2

절 제 하 는 　　마 음 이

나

하 나 님 이 　우 리

에 게 　주 신 　것 은

두 려 워 하 는 　마 음

이 　아 니 요 　오 직

능 력 과 　사 랑 과

절 제 하 는 　마 음 이

나

**3**

하 나 님 이　　우 리
에 게　　주 신　　것 은 ∨
두 려 워 하 는　　마 음
이　　아 니 요　　오 직 ∨
능 력 과　　사 랑 과
절 제 하 는　　마 음 이
니

**4**

하 나 님 이　　우 리
에 게　　주 신　　것 은 ∨
두 려 워 하 는　　마 음
이　　아 니 요　　오 직 ∨

능력과　사랑과
절제하는　마음이
니

5　하나님이　우리
에게　주신　것은 ∨
두려워하는　마음
이　아니요　오직 ∨
능력과　사랑과
절제하는　마음이
니

## 말씀으로 기도하기

하나님, 우리에게 능력과 사랑과 절제의 마음을 주셔서 감사해요. 제 마음대로 하고 싶은 마음을 멈추고 기다리며 절제의 마음을 잘 가꿀 수 있도록 도와주세요. 예수님의 이름으로 기도합니다. 아멘.

## 게임으로 말씀 익히기

● 인간이 절제하지 못하고 자연을 함부로 써서, 지구가 병이 들었답니다. 다음 그림에서
환경을 보호하는 아이들에게 동그라미를 하고 박수를 쳐 주세요.

# 6 절제를 알고 싶어요

## 고린도전서 9:25 절제의 능력

이기기를 다투는 자마다 모든 일에 절제하나니 그들은 썩을 승리자의 관을 얻고자 하되 우리는 썩지 아니할 것을 얻고자 하노라

## 말씀 이해하기

운동 경기에서 이기려고 하는 사람은 자기 마음대로 하고 싶은 생각을 버리고 모든 일에 절제합니다. 나를 사랑하시는 하나님을 위해 일하는 사람은 어떻게 해야 할까요? 하나님께 받을 상을 기대하며 절제해야 해요.

## 따라 써 보세요

1

| 이 | 기 | 기 | 를 |  | 다 | 투 |
|---|---|---|---|---|---|---|
| 는 |  | 자 | 마 | 다 |  | 모 | 든 |
| 일 | 에 |  | 절 | 제 | 하 | 나 | 니 |
| 그 | 들 | 은 |  | 썩 | 을 |  | 승 |
| 리 | 자 | 의 |  | 관 | 을 |  | 언 |

날짜: _____년 _____월 _____일

기도: _____

찬양: 성령의 열매

난 난 성령의 나무 가지마다 주렁주렁 성령의 열매를 맺고 싶어요 / 사랑 기쁨 평화 오래참음 (참음) 착함 자비 성실 온유 절제 (절제) / 성령의 햇살 받고 싶어요 / 사랑 기쁨 평화 오래참음 (참음) 착함 자비 성실 온유 절제 (절제) / 예수님의 성품 닮고 싶어요

| 고 | 자 |  | 하 | 되 |  | 우 | 리 |
| 늘 |  | 썩 | 지 | 아 | 니 | 할 |  |
| 것 | 을 |  | 얻 | 고 | 자 |  | 하 |
| 노 | 라 |  |  |  |  |  |  |

2

| 이 | 기 | 기 | 를 | · | 다 | 투 |  |
| 는 |  | 자 | 마 | 다 |  | 모 | 든 |
| 일 | 에 |  | 절 | 제 | 하 | 나 | 니 |
| 고 | 들 | 은 |  | 썩 | 을 |  | 승 |
| 리 | 자 | 의 |  | 관 | 을 |  | 언 |

| 고 | 자 |   | 하 | 되 |   | 우 | 리 |
| 는 |   | 썩 | 지 |   | 아 | 니 | 할 |
| 것 | 을 |   | 얻 | 고 | 자 |   | 하 |
| 노 | 라 |   |   |   |   |   |   |

3

|   | 이 | 기 | 기 | 를 |   | 다 | 투 |
| 는 |   | 자 | 마 | 다 |   | 모 | 든 |
| 일 | 에 |   | 절 | 제 | 하 | 나 | 니 |
| 그 | 들 | 은 |   | 썩 | 을 |   | 승 |
| 리 | 자 | 의 |   | 관 | 을 |   | 얻 |
| 고 | 자 |   | 하 | 되 |   | 우 | 리 |
| 는 |   | 썩 | 지 |   | 아 | 니 | 할 |

것을 얻고자 하
노라

4  이기기를 다투
는 자마다 모든
일에 절제하나니
그들은 썩을 승
리자의 관을 얻
고자 하되 우리
는 썩지 아니할
것을 얻고자 하
노라

5

이기기를 다투
는 자마다 모든
일에 절제하나니
그들은 썩을 승
리자의 관을 언
고자 하되 우리
는 썩지 아니할
것을 언고자 하
노라

## 말씀으로 기도하기

하나님, 꿈이 있는 사람은 모든 일에 절제하며 승리를 향해 달려가지요. 하나님을 믿는 저는 더욱더 절제하여서 하나님이 주시는 상을 받기 위해 달려가게 해 주세요. 예수님의 이름으로 기도합니다. 아멘.

## 게임으로 말씀 익히기

- 다음 주사위 판에는 운동선수가 목표인 친구들이 열심히 연습하고 있어요. 주사위 놀이를 통해 결승점에 도달해 보세요. 절제하는 사람만이 도달할 수 있답니다.

  ‣ 주사위를 던져 나온 숫자만큼 이동합니다.

  ‣ 온갖 유혹을 이기고 절제하여 먼저 도착하는 친구가 이기는 것입니다.

  ‣ 부모님이나 친구들과 함께 해보세요.

준비물
주사위, 말판 2-4개
(말판의 수는 자유롭게 정하세요)

### 잠언 9:10

#### 지혜의 근본

여호와를 경외하는 것이
지혜의 근본이요
거룩하신 자를 아는 것이
명철이니라

### 야고보서 3:17

#### 하늘의 지혜

오직 위로부터 난 지혜는
첫째 성결하고 다음에 화평하고
관용하고 양순하며
긍휼과 선한 열매가 가득하고
편견과 거짓이 없나니

### 시편 15:2

#### 올바른 삶

정직하게 행하며
공의를 실천하며
그의 마음에 진실을 말하며

### 잠언 15:19

#### 정직의 길

게으른 자의 길은
가시 울타리 같으나
정직한 자의 길은 대로니라

### 시편 107:1

#### 감사의 대상

여호와께 감사하라
그는 선하시며
그 인자하심이
영원함이로다

### 역대상 16:8

#### 감사의 이유

너희는 여호와께 감사하며
그의 이름을 불러 아뢰며
그가 행하신 일을
만민 중에 알릴지어다

### 지혜의 근본

여호와를 경외하는 것이
지혜의 근본이요
거룩하신 자를 아는 것이
명철이니라

### 하늘의 지혜

오직 위로부터 난 지혜는
첫째 성결하고 다음에 화평하고
관용하고 양순하며
긍휼과 선한 열매가 가득하고
편견과 거짓이 없나니

### 올바른 삶

정직하게 행하며
공의를 실천하며
그의 마음에 진실을 말하며

### 정직의 길

게으른 자의 길은
가시 울타리 같으나
정직한 자의 길은 대로니라

### 감사의 대상

여호와께 감사하라
그는 선하시며
그 인자하심이
영원함이로다

### 감사의 이유

너희는 여호와께 감사하며
그의 이름을 불러 아뢰며
그가 행하신 일을
만민 중에 알릴지어다

## 마태복음 6:14

### 참된 용서

너희가 사람의 잘못을 용서하면
너희 하늘 아버지께서도
너희 잘못을 용서하시려니와

## 에베소서 4:32

### 용서의 이유

서로 친절하게 하며
불쌍히 여기며 서로 용서하기를
하나님이 그리스도 안에서
너희를 용서하심과 같이 하라

## 요한복음 15:10

### 순종의 복

내가 아버지의 계명을 지켜
그의 사랑 안에 거하는 것같이
너희도 내 계명을 지키면
내 사랑 안에 거하리라

## 에베소서 6:1

### 순종의 자녀

자녀들아 주 안에서
너희 부모에게 순종하라
이것이 옳으니라

## 디모데후서 1:7

### 절제하는 마음

하나님이 우리에게 주신 것은
두려워하는 마음이 아니요
오직 능력과 사랑과
절제하는 마음이니

## 고린도전서 9:25

### 절제의 능력

이기기를 다투는 자마다
모든 일에 절제하나니
그들은 썩을 승리자의 관을 얻고자 하되
우리는 썩지 아니할 것을
얻고자 하노라

## 마태복음 6:14

참된 용서

너희가 사람의 잘못을 용서하면
너희 하늘 아버지께서도
너희 잘못을 용서하시려니와

## 에베소서 4:32

용서의 이유

서로 친절하게 하며
불쌍히 여기며 서로 용서하기를
하나님이 그리스도 안에서
너희를 용서하심과 같이 하라

## 요한복음 15:10

순종의 복

내가 아버지의 계명을 지켜
그의 사랑 안에 거하는 것같이
너희도 내 계명을 지키면
내 사랑 안에 거하리라

## 에베소서 6:1

순종의 자녀

자녀들아 주 안에서
너희 부모에게 순종하라
이것이 옳으니라

## 디모데후서 1:7

절제하는 마음

하나님이 우리에게 주신 것은
두려워하는 마음이 아니요
오직 능력과 사랑과
절제하는 마음이니

## 고린도전서 9:25

절제의 능력

이기기를 다투는 자마다
모든 일에 절제하나니
그들은 썩을 승리자의 관을 얻고자 하되
우리는 썩지 아니할 것을
얻고자 하노라

사랑  화평  희락  양선  온유

오래 참음  충성  자비  절제  진리

성령  진리  장래

참 잘했어요
참 잘했어요

참 잘했어요
참 잘했어요
참 잘했어요
참 잘했어요
참 잘했어요

참 잘했어요
참 잘했어요
참 잘했어요
참 잘했어요
참 잘했어요

간식 사주기
선물 사주기
같이 놀아 주기
칭찬 하기
간식 사주기